FRONTISPICE.

Le Costume des Grecs & des Romains jette de la clarté dans celui des autres Peuples.

COSTUME
DES
ANCIENS PEUPLES.

PAR M. DANDRÉ BARDON,

Professeur de l'Académie Royale de Peinture & de Sculpture, Directeur perpétuel de celle de Marseille, & Membre de l'Académie des Belles-Lettres, Sciences & Arts de la même Ville.

Segniùs irritant animos demissa per aurem,
Quàm quæ sunt oculis commissa fidelibus.
HORAT. de Art. Poët. v. 180.

À PARIS, RUE DAUPHINE.

Chez { CHARLES-ANTOINE JOMBERT, pere.
LOUIS CELLOT, Imprimeur.
CLAUDE-ANTOINE JOMBERT, fils ainé.

M. DCC. LXXII.

AVEC APPROBATION ET PRIVILEGE DU ROI.

A MONSIEUR
LE MARQUIS
DE MARIGNY,

Conseiller du Roi en ses Conseils, Commandeur de ses Ordres, Lieutenant Général des Provinces de Beauce & d'Orléanois, Directeur & Ordonnateur Général des Bâtimens de SA MAJESTÉ, Jardins, Arts, Académies & Manufactures Royales; Capitaine Gouverneur du Château Royal de Blois, Gouverneur de la Ville, & Gouverneur du Palais Luxembourg à Paris.

MONSIEUR,

PERMETTEZ-MOI de publier sous vos auspices mon Costume des anciens Peuples. En vous offrant ce tribut, je ne fais que vous rendre ce qui vous appartient, & manifester les droits que vous avez sur cet Ouvrage. L'intérêt des Arts, dont vous êtes le protecteur, m'en inspira la premiere idée; le poste de Professeur d'histoire, que je tiens de vos bontés, me fournit les moyens de l'exécuter; & cette même distinction m'autorise aujourd'hui à le mettre en lumiere sous l'appui de votre nom. Qu'il est consolant pour moi, qu'il m'est glorieux, MONSIEUR, de pouvoir, malgré mes infirmités & sur la fin de ma carriere, vous donner ce témoignage authentique de mon zele, de ma vénération & de ma reconnoissance!

J'ai l'honneur d'être avec un profond respect,

MONSIEUR,

Votre très humble & très obéissant Serviteur,
DANDRÉ BARDON.

AVIS DE L'ÉDITEUR.

Ce n'eſt point ici un livre ſavamment écrit ; c'eſt un ouvrage gravé avec goût & intelligence, que je préſente au Public. L'auteur n'eſt point un de ces écrivains adroits, qui par le charme de la littérature, fait de ſéduiſantes deſcriptions des beautés de l'antique ; c'eſt un ſimple artiſte, qui met ces beautés ſous les yeux, & qui, par des traits combinés, les peint preſqu'auſſi énergiquement que le feroit la plus vive éloquence. Ce n'eſt point un Antiquaire ſcrupuleux, qui s'aſſerviſſant à de pénibles détails, ſe pique de garantir tout ce qu'il avance ; c'eſt un compilateur de bonne foi, qui s'en rapporte aux auteurs qu'il a conſultés avec autant de confiance qu'aux perſonnes qui lui ont fourni des modeles, & qui préſente les objets plutôt pour entrer dans les vues des artiſtes, que pour ſervir d'époque à l'hiſtoire.

Perſuadé de la maxime d'Horace, que ce qui parvient à l'eſprit par la voie des yeux y arrive plus ſûrement & plus rapidement que ce qui y parvient par la voie des oreilles, l'auteur fait voir dans trois cent planches environ, & réunit ſous un même coup-d'œil quantité d'objets épars dans une infinité de volumes que bien des perſonnes n'ont ni le tems, ni les moyens, ni le courage de parcourir. Cette ſeule raiſon convaincroit de l'utilité & de la néceſſité de l'ouvrage. On ajoute, pour en prouver l'intérêt, qu'indépendamment des penſées d'habiles modernes & des monumens de l'antiquité qui y ſont contenus, il renferme des raretés qu'on ne peut trouver ailleurs que très-difficilement : telles ſont les cérémonies de coſtume que l'auteur a retracées d'après les récits circonſtanciés de pluſieurs hiſtoriens fameux ; les compoſitions qu'il a arrangées d'après différens artiſtes renommés ; enfin quantité de recherches curieuſes, que de généreux amis lui ont communiquées, d'après des études faites avec le plus grand ſoin dans pluſieurs villes d'Italie. On ne dira qu'un mot des explications ſuccintes

& raiſonnées qu'il a placées au commencement de chaque cayer, & qu'il a enrichies de légers traits d'hiſtoire, de quelques réflexions critiques & d'obſervations relatives aux arts de peindre & de ſculpter. Un projet de cette étendue ne pouvoit être conçu que par un homme qui réunît le goût des arts à celui des lettres, & qui eût le tems, les moyens & le talent de l'exécuter. C'eſt au Public à décider ſi l'auteur a réuſſi, s'il eſt entré dans ſes vues, & s'il n'a pas fait d'inutiles efforts pour mériter ſon ſuffrage.

EXPLICATION

DU FRONTISPICE.

Le coſtume des Grecs & des Romains jette une grande clarté ſur les uſages religieux, civils & militaires des autres anciens peuples. Tel eſt le ſujet de l'allégorie.

Ce coſtume eſt caractériſé par un vieillard tenant deux ſignaux analogues aux deux nations. Il eſt aſſis ſur les débris d'une pyramide d'Egypte, autant pour déſigner le coſtume des Egyptiens, dont il eſt fait mention dans l'ouvrage, que pour indiquer que les premiers fondemens de l'idolatrie furent poſés chez ces peuples. Le vieillard montre du geſte le Génie du coſtume, qui éclaire de ſon flambeau les trois principaux uſages des anciens peuples.

Les uſages religieux ſont dénotés par un ſacrifice, les civils par un bain, les militaires par la colonne Trajane.

Autour de ce monument qui fournit les plus riches connoiſſances dans cette partie du coſtume, ſont réunis différens Soldats qui, par leurs ajuſtemens & leurs armes, font alluſion aux divers peuples anciens. Il en eſt un parmi eux, qui porte dans ſon étendard l'image du ſoleil, que les Perſes adoroient. Les Iſraélites ſont déſignés par les tables de la loi, la baguette de Moyſe & le cidaris du Grand-Prêtre des Hébreux.

Enfin les nuages qui s'élevent dans la ſcene & qui vont ſe

perdre dans les airs, ſont le ſymbole des ténebres qui nous cachoient l'utilité du coſtume des anciens peuples, avant que ſon flambeau nous en dévoilât les tréſors.

COSTUME

COSTUME DES GRECS ET DES ROMAINS.

PREMIERE PARTIE.

USAGES RELIGIEUX.

PREMIER CAHIER. *PLANCHE I.* (*)

Les facrifices étoient les principaux ufages religieux des Grecs & des Romains. Ils les offroient pour implorer la protection des Dieux & pour calmer leur colere. Ces cérémonies fe faifoient également en particulier & en public. Elles étoient fanglantes dans certaines occafions, & non fanglantes dans d'autres ; quelquefois ce n'étoit que de fimples ou de légeres offrandes. Alors les Sacrificateurs n'avoient point d'habit particulier, ni de fignes caractériftiques. On ne les diftingue dans les bas-reliefs antiques, que par la patere qu'ils tiennent en main. Ils facrifioient même avec des habits très-fimples, fi l'on en juge par les Sacrificateurs *a-b* tirés de l'arc de Conftantin, qui facrifioient avec des gaufapes, efpeces de redingottes à capuchon. Leur coëffure étoit auffi arbitraire que leur vêtement ; l'un facrifie tête nue *c*, l'autre *d* eft couronné de lauriers. Celui-ci peut être regardé comme un Empereur, qui affifte à une cérémonie, à titre de Roi des facrifices : diftinction qui perpétuoit aux Souverains le droit qu'avoient les Rois d'exercer les

(*) M. Cochin, Chevalier de l'Ordre du Roi, & Secretaire perpétuel de l'Académie royale de peinture & de fculpture, dirige les gravures de cet ouvrage.

fonctions du ſacerdoce. Et le Roi des ſacrifices y préſidoit à la tête du Grand-Pontife, des Prêtres & de tous les Miniſtres.

Dans preſque tous les ſacrifices, il y avoit ordinairement des Canefores chez les Grecs, & des Camilles chez les Romains. C'étoient des jeunes gens des deux ſexes, qui ſervoient à porter l'encens, les corbeilles, les vaſes & les uſtenſiles néceſſaires à la cérémonie. Le Canefore *e*, chargé d'une urne pour les libations & d'un couteau ſacré, n'eſt vêtu que d'une ſimple tunique ceinte ſous l'eſtomac, habit ordinaire de ces jeunes ſervans; le Camille *f*, qui tient une patere, a ſa courte tunique ſurmontée d'un manteau. A l'égard de la couronne de laurier ou d'autres feuilles, elle étoit commune aux uns & aux autres, & nous verrons qu'elle l'étoit à tous les Miniſtres religieux. Le manteau ſeul met quelque petite différence dans les ajuſtemens de ces jeunes Neophites *e-f*.

PLANCHE II.

La femme du Roi des ſacrifices acquéroit la dignité de Reine des ſacrifices. Elle préſidoit, dans les temples conſacrés aux déeſſes, ſur le Pontife & ſur les Prêtreſſes. Une couronne radiale la caractériſoit, comme l'indique la figure *a* extraite de la noce Aldobrandine. Elle eſt vêtue d'un ample manteau, qui couvre ſa longüe tunique & qui enveloppe un de ſes bras: pratique regardée par les anciens comme un acte de décence, que, dans les cérémonies, les perſonnes qui repréſentoient, manquoient rarement d'obſerver. Le devoir & l'occupation des Prêtreſſes étoient de vaquer à toutes les fonctions des ſacrifices, de prier *b*, de répandre des fleurs *c*, de faire des aſperſions *d*, de préparer des voiles pour les corbeilles ſacrées *e*, &c. Celles qui prioient *b* ſe tenoient auprès de l'autel, très-modeſtement enveloppées d'un grand voile, comme celles qui étoient chargées de faire les aſperſions ou les libations *c*. Les Prêtreſſes qui n'offroient que des fleurs en ſacrifice *d*, & celles qui avoient ſoin des voiles *e*, étoient ajuſtées avec leurs ſimples tuniques & un manteau léger. Leurs cheveux, entrelacés d'un bandeau ou de feuilles de plantes, formoient toute leur coëffure.

Les Canefores *f* & les Camilles *g* étoient non-ſeulement occupés des uſtenſiles néceſſaires aux ſacrifices; coffret à l'encens, trépied, &c. mais encore à jouer de la flûte: pratique qu'on obſervoit réguliérement dans toutes ces cérémonies.

PLANCHE III.

Le Pontife, chez les Grecs, avoit une longue tunique qui enveloppoit son manteau; il n'étoit quelquefois distingué que par sa place auprès de l'autel *a*, par son maintien aisé & par les ordres qu'il donnoit. Ici il commande à un jeune Victimaire *b*, de déposer sur la pierre sacrée la victime qu'il vient d'égorger. Non loin est une Prêtresse de Diane, caracterisée par une étole semée de croissans & d'étoiles, symboles de cette Divinité *c*. Elle fait bouillir de l'eau pour laver quelques parties ensanglantées de la victime.

Nous ferons ici une observation sur l'étole de cette Prêtresse, pour justifier la pensée des Artistes, qui regardant cet ornement comme un attribut & un signe de la dignité du sacerdoce, l'ont souvent prêté aux Pontifes Grecs, pour les distinguer des Romains. Cette distinction paroît d'autant mieux fondée, que nous ne trouvons nulle part aucune autorité, pas même de conjecture, qui justifie l'étole parmi les ajustemens des Grands-Prêtres Romains, & qu'ils ont d'ailleurs dans leur parure & dans leur cortege, des distinctions qui les caractérisent. Nous le verrons dans son tems. Poursuivons notre explication.

Au bas de la planche, paroît une Canefore *d*, qui apprend à une jeune Novice à jouer de la double flûte. Ce groupe, copié d'après un bas-relief antique, est environné d'instrumens de sacrifice; couteaux dans leurs gaines *e*-*f*, haches pour assommer les victimes; car outre les maillets dont on se servoit ordinairement, on les frappoit aussi du redos pointu d'une hache *g*: l'animal manquoit rarement de tomber sous ce coup. On employoit aussi ces sortes d'instrumens à dépecer les victimes & à séparer les portions destinées pour le Prêtre de service ou pour la personne qui offroit le sacrifice, d'avec celles que la flamme devoit consumer.

PLANCHE IV.

On voit ici des Prêtresses occupées à diverses fonctions. L'une *a* remplit d'eau la cuvette, où l'autre *b* va laver une tête de bélier degouttante de sang. Plus bas une troisieme *c*, qu'on peut mettre au rang des portes-torches, allume ses flambeaux au feu de l'autel. On n'avoit point alors l'ufage des graiffes ni de la cire pour s'éclairer; mais on avoit des bois huileux & réfineux, qu'on enduifoit de matieres bitumineufes, & qui répandoient une clarté très-vive. Une quatrieme Prêtreffe *d*, couverte d'un ample manteau qui lui fert de coëffure & de fecond vêtement, fait avec fa patere des libations fur l'autel ; & un jeune Sacrificateur à demi-nu *e* repand, avec une branche de laurier, l'eau luftrale fur la flamme facrée. L'urne *f* eft un de ces riches vaiffeaux où l'on confervoit les liqueurs pour les libations.

PLANCHE V & VI.

Tous les monumens anciens s'accordent à donner pour vêtement aux Grands-Prêtres une longue tunique & un manteau très-ample, dont les Miniftres Grecs particuliérement formoient leur coëffure, en y ajoutant quelquefois une couronne faite des branches de la plante ou de l'arbre confacré à la Divinité qu'ils fervoient. On doit néanmoins excepter de cet ufage les Prêtres Romains, fur-tout les Flamines, & notamment celui de Jupiter. Ces Miniftres avoient des vêtemens particuliers & des coëffures qui leur étoient propres. Il eft vrai que plufieurs autres Sacrificateurs Romains avoient des ajuftemens prefque pareils à ceux des Grecs. Nos grands Artiftes en conféquence fe font conformés au coftume, fans s'y afservir fcrupuleufement ; & fe livrant aux infpirations de leur génie, fe font contentés de produire des chef-d'œuvres qui puiffent faire autorité. Ils fe font effentiellement attachés à varier leurs idées, & à fe ménager, au milieu de ces variétés ingénieufes, le moyen de perfuader aux perfonnes inftruites qu'ils connoiffoient le vrai. Ainfi ne foyons point étonnés fi Bourdon, dans fon *Martire de Saint Pierre*, a vêtu le Pontife idolâtre, & l'a coëffé prefque à la Grecque, mais bien différemment de celui qu'a placé le Sueur dans fon *Martire de Saint Gervais;* & fi ce grand Peintre lui-même a ajufté d'une maniere toute différente le Flamine *c*, qu'il a introduit avec tant de difcernement dans fon *Martire de S. Laurent.*

On voit, dans la planche fuivante, un autre Grand-Sacrificateur *a*, ajufté d'une maniere à bien des égards encore toute différente, quoique dans les mêmes principes & les mêmes rapports du coftume des anciens. L'étole dont nous avons fait mention ci-devant, & que Raphaël n'a pas manqué de prêter à fon Prophete *c*, ce fymbole de la dignité du ministere, donne un air de noblesse que les vêtemens des Pontifes, tout majestueux qu'ils sont, n'inspirent qu'à demi.

PLANCHE VII.

La preuve de cette vérité se fait sentir à l'inspection de ce Sacrificateur Grec *a*, peint par un de nos habiles modernes, dont la conformité de penser en ce point, le rapproche tellement des anciens, qu'il semble être ancien lui-même. Ce grouppe, tiré du *Sdcrifice d'Iphigénie*, dont le Roi de Prusse est possesseur, présente un Grand-Pontife vêtu des habits qui lui sont propres. Il a, par-dessus le pan de son manteau qui lui sert de coëffure, une couronne de feuilles de chêne, arbre consacré à Diane. Une étole croisée sur l'estomac & pendante jusqu'à mi-jambe, lui imprime le caractere de dignité convenable à son état & à sa fonction. Il tient en main le glaive sacré dont il va frapper la victime. Le Néocore *b* qui le sert, détourne sa vue du coup mortel sous lequel Iphigénie va être immolée, tandis qu'un Victimaire *c* apprête le vase pour en recevoir le sang.

PLANCHE VIII.

Aux autorités déja citées pour justifier l'étole dans l'ajustement des Pontifes Grecs, nous joignons ici celle de Pietre de Cortone dans son *Sacrifice de Polixene*. Il a donné au Grand-Prêtre *a* une large étole qui, lui passant derriere le col & se croisant devant l'estomac, tombe presque jusqu'aux pieds. Il tient une patere en main, &, par la maniere dont il est ajusté, ne laisse rien de douteux, ni dans son état, ni dans sa fonction, ni dans la façon de penser de son auteur. La maniere ingénieuse de placer sur le manteau du Pontife l'étole, qu'il est plus ordinaire de placer sur la tunique, fait présumer qu'il a voulu présenter cet ornement de la maniere la plus apparente, pour caractériser plus sensiblement le Ministre qui en étoit décoré.

Nous avons associé à cet exemple celui du Poussin. Dans sa représentation du veau d'or adoré par les Israélites, il n'a pas manqué de donner une étole au Grand-Prêtre Aaron *b*. Cette autorité, qui à la vérité ne prouve rien en faveur des Pontifes Grecs, prouve toujours beaucoup en faveur de la dignité du sacerdoce, dont l'étole est le symbole & l'attribut. Un Artiſte auſſi éclairé que le Pouſſin dans la partie du coſtume, n'auroit point haſardé de prêter cet ornement à Aaron, s'il n'avoit été autoriſé par des raiſons inconteſtables.

N'oublions pas de remarquer que Pietre de Cortone a ceint le front de ſon Grand-Prêtre d'une couronne de chêne. Nous avons dit ailleurs que cette couronne, que tous les Miniſtres & Officiers ſacerdotaux avoient droit de porter, étoit faite de feuilles de plantes ou d'arbres conſacrés aux Divinités qu'ils ſervoient. Le Lecteur ne ſera peut-être pas fâché que nous entrions ici dans quelques légers détails à ce ſujet. Le hêtre & le chêne étoient conſacrés à Jupiter & à Diane, le laurier à Apollon, le peuplier à Hercule, les pampres à Bacchus, le cyprès à Pluton, le pin à Cibele, l'olivier à Minerve, les roſeaux à Pan, le mirthe à Venus, la narciſſe à Proſerpine, le frêne à Mars, le pourpier à Mercure, les pavots à Cerès, l'ail aux Dieux pénates, l'aune & le cedre aux Eumenides, & le palmier aux Muſes. On leur donne auſſi le laurier, comme ſœurs d'Apollon.

PLANCHE IX.

Aucun Artiſte n'a porté auſſi loin que le Guide les privileges de l'étole. Il a regardé ce meuble reſpectable, non-ſeulement comme un ſymbole de la dignité du ſacerdoce, mais encore comme un ſigne de la ſainteté du Miniſtre ſacerdotal. Pour indiquer ſenſiblement la moralité de ſa penſée, il a décoré de cet ornement l'Emiſſaire céleſte *a*, chargé d'annoncer à la Vierge l'incarnation du Verbe. Une ſi grande autorité, ſi analogue aux coutumes de notre religion même, nous enhardit à croire, que pour attirer le reſpect, les Pontifes anciens ont employé les mêmes moyens dont nous nous ſervons. Les vêtemens des Miniſtres de nos autels ſont preſque les mêmes, à quelques égards, que ceux des Prêtres du paganiſme. L'étole a donc pu être, & a été ſans contredit, l'ornement diſtinctif des Pontifes; d'ailleurs, pluſieurs monumens l'atteſtent. On y voit par-tout les Egyptiens, les Iſraélites, les Troyens, & notamment les Grecs, en faire uſage. D'où nous croyons être en droit de conclure qu'on peut, ſans ſcrupule, introduire l'étole dans les ornemens de tous les Pontifes idolâtres, à la réſerve néanmoins des Pontifes Romains, comme eux-mêmes, à l'excluſion de tous les autres Grands-Prêtres, peuvent ſeuls avoir des licteurs.

PLANCHE X.

Outre les Canefores *a* qui fervoient dans les facrifices, il y avoit de jeunes Victimaires *b*, & de vieux Néocores *c*, efpeces de Maîtres de cérémonie. Les Victimaires étoient de robuftes adolefcens, qu'on chargeoit de conftruire les bûchers, de porter les grands vafes où étoient confervées les liqueurs des libations; ils recevoient auffi dans des cuvettes le fang des victimes. A l'égard des vieux Néocores, ils n'avoient d'autre foin que de veiller au bon ordre, de tenir prêts l'encens, les coupes, les petits vafes, & pareils uftenfiles néceffaires aux facrifices. Ces Miniftres, qui dans les premiers tems n'étoient employés qu'à des fonctions peu confidérables, furent enfuite chargés des emplois les plus diftingués. Ils ont toujours eu le droit de porter la couronne de feuilles.

PLANCHE XI.

Voici la repréfentation des apprêts d'un facrifice. Le Pope ou Victimaire, couronné de frêne, à demi-nu *a*, ayant de la ceinture en bas une efpece de tablier qui defcend prefqu'à mi-jambe, d'une main conduit la victime, & de l'autre tient la hache pour l'affommer. Le taureau, fuivi d'un bélier, eft coëffé d'une forte de mitre, attachée à fes cornes dorées, par des cordons en chapelets, qui pendent des deux côtés. Il a fur fon dos une houffe large d'une coudée, enrichie de broderies, traînante jufqu'à terre, & frangée par le bas. Il eft accompagné de deux Miniftres du Dieu Mars *b*. L'un eft coëffé de l'*apex b*, bonnet ordinaire des Prêtres Saliens; l'autre, couvert d'une fimple couronne *c*, tient en main un branche de frêne, arbre chéri de la Divinité qu'il fert. Ils font fuivis d'un Tubicine *d*, qui fait retentir l'air des fons de la double trompette, & d'un jeune Pope *e* chargé d'une fimpule & d'une corbeille de fleurs. La fcene fe paffe non loin de la ftatue d'Hercule *f*, dans le tems que la flamme brille fur fon autel *g*.

PLANCHE XII.

Un Augure *a*, avec fon *lituus b*. Les Augures étoient des Prêtres (*) qui prédifoient l'avenir par le vol des oifeaux, par leur chant & par

(*) Il y en avoit de Grecs & de Romains.

leur maniere de manger. Leur vêtement étoit composé d'une longue tunique, surmontée d'une espece de clamide, teinte en pourpre ou en écarlate, qu'on attachoit sur l'épaule droite pour laisser le bras libre, en la tortillant autour du corps, & dont ordinairement on se formoit une coëffure. Ces Ministres étoient en grand crédit chez les Peuples; mais les gens sensés en faisoient très-peu de cas. On dit que Ciceron ne recontroit jamais un Augure ni un Aruspice, sans rire. Pour faire leurs divinations, ils se servoient d'un bâton augural, nommé *lituus*, recourbé par un bout pour fouiller dans les entrailles des victimes; ce qu'ils faisoient quelquefois conjointement avec les Aruspices *c*, quoique leur fonction essentielle fût, ainsi que nous venons de le dire, d'examiner le vol, le chant des oiseaux, & sur-tout la maniere dont les poulets sacrés *d* prenoient le grain qu'on leur présentoit. S'ils le piquoient avec avidité en l'éparpillant çà & là, c'étoit un bon signe; si au contraire ils refusoient de manger, l'auspice étoit mauvais. Tout le monde sait ce que répondit Alexandre, quand on vint lui annoncer que les poulets ne vouloient pas manger: Eh bien, dit-il, qu'on les fasse boire, & les fit jetter à l'eau.

Les Aruspices *d* n'étoient, ni en Grece, ni à Rome, en plus grande considération que les Augures. Leur fonction étoit de prédire l'avenir, en considérant les mouvemens de la victime avant & après le sacrifice; ils le prédisoient en observant la maniere dont elle alloit à l'autel, dont elle présentoit la gorge au couteau sacré; en examinant la nature de ses intestins, la couleur de ses poumons, les flétrissures de son cœur; en considérant la flamme, la fumée de l'autel; enfin tout ce qui arrivoit pendant la cérémonie. Le vêtement des Aruspices étoit léger & peu volumineux, pour ne point les embarrasser dans leurs opérations. Il consistoit dans une courte tunique & un simple manteau qu'ils pouvoient aisément quitter quand ils vouloient. Leurs instrumens se bornoient à un couteau pour éventrer la victime, & à des spatules pour fouiller dans ses entrailles. Ils avoient en outre une baguette magique, avec laquelle ils en imposoient au peuple, par une quantité de cercles, de figures hétéroclites, qu'ils décrivoient mystérieusement dans les airs, sur la terre, autour de l'autel, & sur la victime même.

FIN des Explications du premier Cahier.

Usages Religieux

1.er C.er
.C.
.B.
.A.
P.l II.
.E.
.F.
.D.
.G.

I.er C.er
.C.
.A.
Pl. III.
.B.
.E.
D
.F.
F.
.G.
.E.
.F.

Ier. Cer.
Pl. IV.
.E.
.B.
.A.
.D.
.C.
.F.

1.er C.er
A.
Pl. V.
B.
C.

1.er C.er
.C.
P.l VI.
.A.
.B.

I.er C.er
P.l VII.
.A.
.B.
.C.

1.er C.er
P.l VIII.
A.
B.

1.er C.er
A
P.l IX.

I.er C.er
Pl X.
.A.
.C.
.B.

I.er C.er
P.l XI.
.F.
.E.
.G.
.B.
.A.
.C.
.D.

.A.
.B.
.C.
.D.

COSTUME DES GRECS ET DES ROMAINS.

PREMIERE PARTIE.

USAGES RELIGIEUX.

SECOND CAHIER. *PLANCHE I.*

DES Flamines *a*, *b*, tirés des bas-reliefs qui sont à la vigne Médicis, sont ici présentés ayant un voile sur la tête, & tenant en main des instrumens de sacrifice *a*. Ils sont accompagnés de Prêtres Saliens *b*. Ceux-ci étoient vêtus de tuniques légeres, bigarrées de diverses couleurs, & d'un ample manteau. Ils portoient un plastron d'airain sur l'estomac, & tenoient de la main droite une pique ou une épée, dont ils frappoient, dans leurs saltations, le bouclier qu'ils portoient de la main gauche : ce bouclier qu'on nommoit *ancile*, étoit échancré. Les Prêtres de Mars étoient coëffés de l'*apex*, autrement nommé *galerus c*, sorte de casque qu'ils attachoient avec grand soin sous le menton. On rapporte que Sulpitius fut destitué du sacerdoce, parce qu'il laissa tomber son apex en sacrifiant. Cette coëffure, que terminoit une petite verge recouverte de laine, étoit commune aux Flamines, prêtres de Jupiter ; avec cette différence néanmoins, que le casque de ceux-ci, revêtu de la peau d'une victime blanche, portoit l'image de la foudre, au lieu que le casque des Flamines de Mars étoit orné de têtes de taureaux & de béliers qu'on immoloit à ce Dieu (*).

On place ici un de ces prêtres Saliens *d*, copié d'après le Brun dans

(*) Voyez la Planche III ci-après, fig. *f*.

ſon triomphe de Conſtantin, pour perſuader aux Artiſtes & aux Connoiſſeurs les plus ſcrupuleux, qu'en matiere de Coſtume, les grands maîtres n'ont point fait difficulté de puiſer aux ſources ce qui n'y étoit dépoſé que pour le bien général des arts. Heureux les plagiaires de cette nature, qui, ſans craindre le reproche de ſtérilité de génie, emploient le leur à imiter les beautés de l'Antique, ſans ſe donner la peine de les déguiſer! Le mérite de ces imitations conſiſte d'abord à les imaginer & à bien raiſonner l'uſage qu'on en doit faire. De ces heureuſes diſpoſitions, naiſſent les moyens de les ſaiſir habilement, & de les placer à propos.

PLANCHE II.

Les Luperces *a b* étoient de jeunes Romains dévoués au ſervice de Pan. Pour les initier aux myſteres du Dieu, un vieux Prêtre *c*, couronné de feuilles, n'ayant pour tout vêtement qu'une dépouille de chevre autour des reins, & tournant le dos à l'autel, faiſoit aux jeunes néophytes une inciſion au front, dont il eſſuyoit le ſang avec de la laine trempée dans du lait. En cet état, tous les Luperces qui reſtoient nuds pendant la célébration des lupercales, couroient indécemment par la ville avec des fouets de peau de chevre, dont ils frappoient tous ceux qu'ils rencontroient. L'opinion où étoient les femmes, même les plus honnêtes, que cette fuſtigation pouvoit contribuer à les rendre fécondes, ou à les faire accoucher heureuſement ſi elles étoient enceintes, les faiſoit courir au-devant de ces Miniſtres du Dieu Pan; elles s'en approchoient pour en recevoir les coups.

PLANCHE III.

On voit, parmi ces diverſes figures, une jeune Prêtreſſe de Bacchus, couronnée de pampres *a*, tenant la patere d'une main, un petit vaſe de l'autre, & portant ſur ſon ſein l'image du Dieu qu'elle ſert; trois Fluteurs *b*, un Tubicine *c*, un vieux Prêtre à demi nud *d*, danſant au ſon de ſa double flûte, & un Pope *e* armé des inſtrumens pour aſſommer la victime, & du vaſe pour en recevoir le ſang. Plus, on voit les deux apex des Flamines de Jupiter & de Mars *f*, avec leurs différens attributs; un de ces grands autels en forme de tombeaux *g*, ſur lequel, dans certaines occaſions, on immoloit à la fois pluſieurs victimes; un Camille portant un baſſin *h* : il eſt précédé d'un jeune Payſan *i*, qui, dans le tems des tondailles, vient ſacrifier une brebis à demi dépouillée de ſa toiſon. Enfin, on voit un Flamine Salien vêtu, coëffé des ajuſtemens qui lui ſont convenables, & armé de ſa lance *k*, tel qu'il eſt au jardin Médicis.

PLANCHE IV.

Voici la ſtatue de la Veſtale Tucia *a*. On dit qu'étant accuſée d'un crime, elle juſtifia ſon innocence, en puiſant de l'eau dans un crible qu'elle porta du Tibre au temple de Veſta. Elle eſt repréſentée tenant en main ſon crible miraculeux, vêtue d'une tunique, d'un rochet ceint vers l'eſtomac, & coëffée d'un voile flottant. Au-deſſous ſont deux autres Prêtreſſes de Veſta *b*, *c*. La plus âgée eſt une de ces doyennes qui préſidoient aux ſacrifices particuliers : des Licteurs *d* placés à ſes côtés, dénotent que lorſque les Veſtales ſortoient en public, ces ſatellites les précédoient avec leurs faiſceaux. Elle eſt enveloppée d'une mante qui la couvre preſqu'entiérement. Tout auprès eſt l'autel préparé pour une offrande de fruits, de fleurs & de lait : le *capeduncula e* (*) qui le renferme, eſt grouppé avec la pathere. L'autre Veſtale *c*, ajuſtée comme Tucia, tient le feu ſacré qui étoit confié à ces Vierges, ſous des peines très-humiliantes ſi elles le laiſſoient éteindre : on les condamnoit au fouet. Près d'elle eſt, ſur un autel, le palladium *f*, petite figure de Pallas dont la garde leur étoit auſſi commiſe & qu'elles conſervoient avec autant de ſoin que le feu ſacré. Pluſieurs novices *g*, placées derriere le mur à hauteur d'appui où s'éleve la ſtatue de Tucia, la regardent avec admiration.

PLANCHES V & VI.

L'Antique nous fournit ici deux Veſtales *a b*, qui, dans leurs habits & leurs coëffures, préſentent quelques variétés. Toutes les deux ont leurs

(*) C'eſt un vaſe à deux anſes, qui ſervoit pour les libations.

cheveux exactement séparés au milieu du front; mais l'une porte un voile léger, l'autre n'en a point. Deux demi-tuniques de longueur inégale, descendant jusqu'au bas du corps, & placées sur leur rochet qui tombe jusqu'aux pieds, entrent dans l'ajustement de celle-ci *a*; l'autre *b*, n'a qu'une demi-tunique plus courte. Enfin, il n'y a qu'une des deux qui soit parée d'un manteau. Du reste, leur long rochet à manches singulieres est le même : ces manches courtes par devant, ouvertes & bridées avec de petits boutons, ne descendent que jusqu'à l'avant-bras; & par derriere, tombent au-dessous du mollet. La chaussure de ces deux Vierges ne présente aucune variété.

Dans la Planche qui suit, on apperçoit, d'une maniere plus distincte que dans la précédente, l'ouverture des manches bridées par de petits boutons *a*. Cette Prêtresse de Vesta, tirée des jardins Medicis, & que des commentateurs prennent pour une Muse, n'a pour tout vêtement qu'une longue tunique, surmontée d'un ample manteau dont elle se forme un voile. Les trois profils *b*, *c*, *d*, désignent les différentes façons de se coëffer des Vestales. Elles employoient également l'usage du voile *b*, des couronnes *c*, & des bandelettes *d*; elles ne négligeoient rien de ce qui pouvoit relever leur beauté. On n'aura pas de peine à le croire, quand on considérera qu'elles étoient admises au service de Vesta depuis l'âge de six ans jusqu'à dix; qu'elles devoient être, non seulement exemptes de tout défaut corporel, mais encore avoir quelques beautés qui les distinguassent; & qu'au bout de trente ans d'exercice, elles pouvoient renoncer au sacerdoce & se marier.

PLANCHE VII.

Tout le monde sait que les Sibylles étoient des filles qui prédisoient l'avenir. Celles qui sont retracées ici d'après Michel-Ange, sont la plûpart vêtues avec des tuniques sans manches, *a*, *b*, *c*; ayant de simples épaulettes, qui laissent tout le bras à nud; quelques-unes cependant ont des manches qui descendent jusqu'au poignet *d*. Ces Prophétesses ont d'amples manteaux dont elles se couvrent quelquefois la tête *e*, quoiqu'elles se servent plus ordinairement de voiles *a*, *b*, ou d'especes de cornettes qu'elles attachent ſous le menton *c* ; tous ces ajuſtemens ſont arbitraires. Nous ne connoiſſons guere de monumens antiques qui faſſent mention des Sibylles. Les attributs qui les caractériſent ſont les rouleaux, les volumes *f* qu'elles tiennent, & plus particuliérement encore le *ſcrinium a* qu'on leur aſſocie. Cette eſpece de layette ronde leur ſervoit à conſerver leurs tablettes, leurs poinçons, leurs cannes à écrire, & leur encrier.

PLANCHE VIII.

On n'a placé ici la forme d'un temple, que pour avoir occaſion d'annoncer les ſtatues, les lampes, les autels, &c. qui étoient dans ces aſyles ſacrés. Nous nous bornerons à dire de celui de Veſta *a*, qu'il étoit de forme ronde, ſurmonté d'un dôme, & entouré d'un périſtile de colonnes corinthiennes, auquel on arrivoit par une montée de douze marches. Non loin s'élevoit la ſtatue de la divinité *b*. L'inſcription placée à la plate-bande du dôme, & l'attribut au-deſſus de la porte du temple, achevent de le caractériſer.

PLANCHES IX & X.

Les ſtatues faiſoient une des plus riches décorations des temples des Anciens. Elles étoient ordinairement relatives aux principales Divinités qu'on y adoroit. Ainſi on peut préſumer que la Calliope antique *a* du duc Altaempſii a été originairement deſtinée pour un temple des Muſes. Il a plu à un de nos Artiſtes (le Sueur) de ſe l'approprier *b*, & d'en décorer un prétoire dans le martyre de S. Laurent. Ces ſortes de licences ne doivent point être blâmées. Les figures antiques ſont un bien public dont chacun peut ſe ſervir : il ſuffit de les placer à propos, & d'en faire un uſage utile, qui puiſſe être même inſtructif. Nous penſons de même, que la Minerve du palais Juſtiniani *c* étoit anciennement deſtinée pour quelque temple de cette Divinité : on pourroit néanmoins ſoupçonner, par le ſerpent *d* placé à ſes pieds, qu'ayant été adorée comme Déeſſe des ſciences, elle a été placée à ce titre dans quelque temple d'Epidaure, à côté des ſtatues d'Eſculape ou d'Apollon.

Qui pourroit douter que le monument (*) ſingulier *a*, ne ſoit une repréſentation de la Terre ou de la Nature? Quelques Auteurs penſent que c'eſt une figure d'Iſis ; & d'autres, qu'elle étoit adorée dans un temple de Cybelle, comme la ſtatue du Souverain des Dieux *b* l'étoit dans le temple de Jupiter Capitolin. A l'égard du Coriolan antique *c*, qui, dans les jardins Borgheſe, forme partie d'un grouppe où il eſt aſſocié avec Volumnie ſon épouſe, nous le regarderons comme un ouvrage particulier qui n'a eu aucune part au culte des Divinités ; d'autant mieux que des Antiquaires ont regardé cette figure comme un ſimple gladiateur (**).

PLANCHES XI & XII.

Il n'y avoit point de ſtatues dans les temples, devant leſquelles on n'allumât des lampes, dans le tems qu'on leur offroit des ſacrifices, ou qu'on célébroit leurs fêtes : il y en avoit même qui veilloient continuellement. Le Pere Montfaucon nous en a fourni quelques-unes.

Quoiqu'en général elles ſoient de formes biſarres, il en eſt qui ſe ſont conſervées juſqu'à nous. La premiere *a*, par exemple, eſt imitée dans pluſieurs de celles qui éclairent quantité de boutiques de nos marchands. On a joint à la ſeconde *b* la chaîne par où on la ſuſpendoit ; & à l'autre *c*, la pincette qui ſervoit à ajuſter ſes divers lumignons. La quatrieme *d* ne préſente rien de particulier. Celle qui eſt en forme de pied *e* eſt une de ces lampes votives qu'on offroit pour la guériſon de quelques parties du corps.

La feuille ſuivante préſente des lampes en maniere de guéridons, où étoit l'image des Déeſſes *a*, *b*, dont elles éclairoient les autels. Toutes les chapelles avoient leur lampe particuliere, qui ſouvent

(*) A la ville Albane.

(**) Voy. la table des antiques de Perier.

n'étoit distinguée que par le buste des Divinités *c*, *d*, ou par leurs simples attributs *e*; quelquefois même, au défaut de ces signes caractéristiques, on y plaçoit au-dessus une inscription *f*, qui désignoit les Dieux en l'honneur de qui elles brûloient. On ne sait trop ce que l'on doit penser de la lampe *g*, adossée au poitrail d'un cheval; si elle n'est point votive au sujet de la guérison de quelqu'un de ces animaux, elle ne peut être que le fruit de l'imagination bisarre de l'ouvrier.

FIN des Explications du second Cahier.

.B.
.A.
C.
.D.

2e. Cer.
Pl. II.
A.
D.
C.
B.
D. MAR.

A.
B.
C.
D.
E.
F.
G.
H.
I.
K.

2.e C.er
Pl. IV.
A.
B.
C.
D
E.
F.
G.

2.e C.er
Pl. V.
A.
B.

2e Cer
Pl VI
A.
B
C.
D.

.A.
.B.
.C.
.F.
.E.
.D.
F.
.G.
B.R

2.e C.er
Pl. VIII.
DIV. VEST.
A.
B.

2.e C.er

Pl. IX.

A.
B.
C.

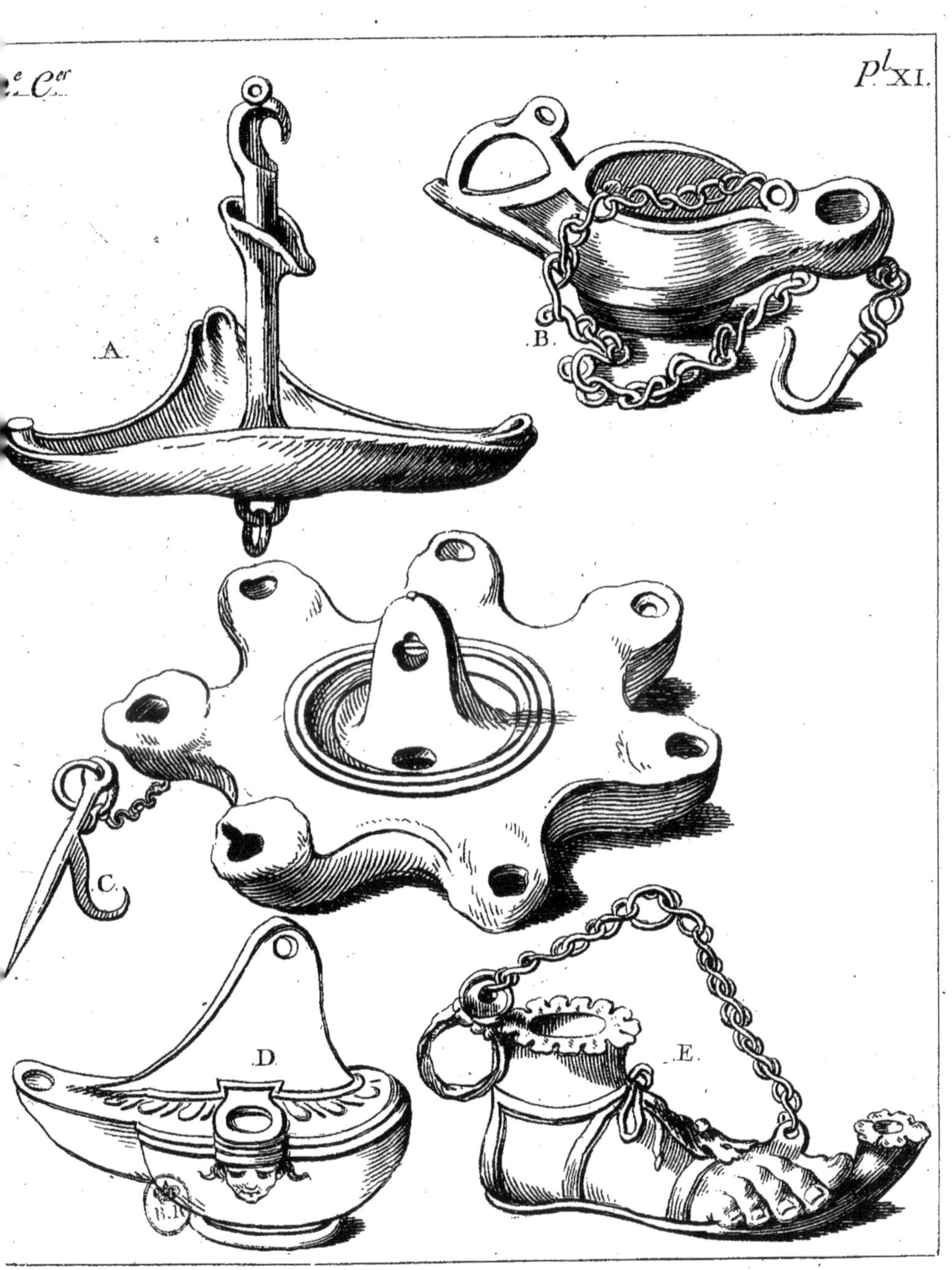
Pl. XI.
A.
B.
C.
D.
E.

2e. Cer.
Pl. XII.
A.
B.
G.
C.
F.
LARIBVS
SACRVM.
P.F.
D.
E.

COSTUME
DES GRECS ET DES ROMAINS.

PREMIERE PARTIE.

USAGES RELIGIEUX.

TROISIEME CAHIER. *PLANCHE I.*

LES Anciens avoient une ſinguliere vénération pour les *Tribomos a.* On nommoit ainſi un triple autel (*) érigé en l'honneur de trois Divinités. Celui dont parle Herodote (**) ſe voyoit en Egypte dans un temple d'Apollon : il étoit conſacré à ce Dieu, à Diane, & à Latone leur mere. A Rome, il y avoit un Tribomos dans le temple d'Eſculape. Celui de Lacédémone étoit érigé dans la place publique, non loin d'un aſyle ſacré.

On peut mettre au rang des Tribomos l'autel des Graces *b*, copié d'après l'antique. Qui ne ſait que les Athéniens & tous les Peuples de la Grece ſacrifioient à ces Divinités ? Mais quelque dévotion que ces Peuples euſſent pour les Graces, elle n'égaloit pas celle que les Romains avoient pour leurs Dieux *Lares*, autrement dits *Penates*, à qui ils attribuoient la proſpérité des affaires domeſtiques. Leur prévention à cet égard étoit ſi générale, que chaque famille avoit dans ſa maiſon un laraire, chapelle conſacrée à leur culte. Ces petites idoles

(*) Des auteurs croient que le triple autel n'en formoit qu'un.

(**) Voyez l'Abbé Banier, tom. 1, pag. 220.

étoient la plûpart de formes très-bisarres, comme on en juge par les trois *c*, *d*, *e*, que nous exposons ici d'après celles qui sont à Rome, aux palais Barberin & Justiniani. Elles n'ont point le petit chien dont elles étoient ordinairement accompagnées, mais elles en ont la dépouille pour ajustement.

PLANCHE II.

LES autels du paganisme étoient de deux sortes, les uns portatifs (*), dont on se servoit dans les voyages, lorsqu'il ne s'agissoit que de simples libations, ou de sacrifices de fruits, de fleurs, d'encens & d'aromates. Les autres étoient fixes, & on les destinoit à y égorger des victimes & brûler des holocaustes. En général, les autels étoient des especes de piédestaux ronds *a*, *b*, *c*, quarrés *d*, ou triangulaires *e*, faits de pierre, de marbre, rarement de bronze, plus rarement encore d'or : il s'en est pourtant trouvé. On les enrichissoit ordinairement de figures en bas-relief, d'ornemens, & sur-tout de têtes des victimes qu'on immoloit à la Divinité pour laquelle ils étoient érigés. Les gens de la campagne en faisoient de gazon pour leurs Dieux ; souvent on déposoit au pied des autels la tête de l'animal *f*, avec les instrumens de sacrifice *g*, en attendant que ceux qui l'avoient offert, vinssent la retirer.

PLANCHE III.

NOUS venons de voir des autels ornés de sculptures ; en voici un qui est de la plus grande simplicité *a*. Il n'est pas entiérement massif, comme les précédens ; il est creux par le haut, & le creux descend fort bas, pour recevoir le sang des victimes. On y voit une sorte de tronc *b*, où les gens pieux déposoient leurs aumônes. L'autel triangulaire *c* n'a qu'une cavité peu considérable, propre à contenir tout au plus la liqueur des libations. Il est orné, par le haut & par le bas,

---

(*) Voy. l'autel *c* de la feuille suivante.

d'objets sculptés, qui n'ont du rapport avec aucune Divinité particuliere; c'est, à ce qu'on nous assure, un de ces autels portatifs que l'on plaçoit devant toute idole quelconque.

Les trépieds étoient presque aussi communs dans les temples que les autels : ils étoient aussi employés à l'usage des sacrifices. C'est là que les jours de fête des Divinités, on allumoit le feu sacré, & qu'on brûloit en leur honneur l'encens & les parfums. On en voyoit d'airain, d'acier, de fer & d'or *. Ils servoient quelquefois de siege aux Prêtres & aux Sibyles, pour rendre des oracles; alors, on mettoit un couvercle *d* sur la coupe. Ainsi, pour prophétiser, la Pythie de Delphe s'asseyoit sur un des trépieds d'Apollon : celui-ci *e* est le plus renommé & le plus précieux que les monumens anciens nous aient transmis; il est caractérisé par la figure d'un serpent, attribut de la médecine, dont Apollon passoit, chez plusieurs peuples, pour être le Dieu. A ce titre, on lui offroit des têtes, des bras, des pieds votifs *f*, qu'on suspendoit autour de sa statue.

PLANCHE IV.

NOUS plaçons ici le monument antique *a*, parce qu'il a la forme d'un trépied. Ne seroit-ce point un tombeau érigé en l'honneur des mânes d'une famille dont le chef est représenté en buste dans le médaillon *b*, placé sur un des montans. On voit qu'il y avoit des urnes cinéraires *c* aux deux autres côtés. Quoi qu'il en soit, ce morceau occasionne une observation qui a pour objet la sublimité des ouvrages des Anciens. Il falloit que ces productions fussent bien parfaites au sortir de leurs mains, puisqu'après tant de siecles, les débris, tout mutilés qu'ils sont, conservent encore cette force d'expression, cette richesse d'ornemens, cette beauté d'ensemble que les auteurs leur avoient imprimées, & que les vrais connoisseurs y entrevoient avec le plus grand plaisir. Cette espece de trépied *a*, la portion du candélabre *d*, & le sphinx *e* dont il est accompagné, ont été calqués sur les desseins originaux du Poussin, faits à Rome par ordre du grand Colbert.

PLANCHE V.

CES deux trépieds fumans *a*, *b*, font d'un goût de conſtruction & d'une richeſſe qui méritent l'attention des curieux. Ils ſervoient dans des laraires, à en juger par la petiteſſe de leur forme (*). Ils environnent ici un autel *c* conſacré à Diane & chargé d'une urne de libations.

Les artiſtes Grecs, qui, dans les moindres détails de leurs ouvrages, avoient l'imitation de la nature pour objet, conſervoient avec ſoin les têtes de toutes ſortes de victimes, cerfs *d*, daims *e*, brebis *f*, &c., pour s'en ſervir de modeles dans les monumens où on pouvoit les placer, à titre de décoration, comme aux angles des trépieds, aux faces des tombeaux, &c. Ils les employoient même aux volutes de certains chapiteaux (**). Souvent ils plaçoient ces têtes décharnées *g* dans l'entablement de l'ordre dorique, comme on le voit à Rome au théatre Marcellus, & les y entremêloient avec les triglyphes & autres ornemens. C'eſt ainſi qu'imitateurs du vrai dans les parties de leur talent qui paroiſſent indifférentes, les anciens s'habituoient à étudier la nature avec ténacité dans les plus eſſentielles, & produiſoient des chef-d'œuvres qui font encore aujourd'hui leur gloire & celle de leur nation. Nous propoſons cet exemple aux artiſtes modernes. Puiſſent-ils en faire uſage pour la perfection de leur art!

PLANCHE VI.

ON préſente ici des trépieds *a*, *b*, *c*, qui n'ont de particulier que leur ancienneté. Au-deſſous, ſont trois de ces eſpeces de bénitiers que l'on plaçoit à la porte des temples : c'eſt là qu'étoit dépoſée l'eau luſtrale pour les aſperſions & les purifications. Le premier *d*, eſt une

---

(*) Ces trépides n'avoient que vingt-ſept pouces de haut.

(**) Quelques architectes François en ont fait uſage. On voit à Paris, dans la rue Garanciere, près du Luxembourg, des chapiteaux, dont les volutes ſont formées de têtes de béliers.

ſimple coupe ſoutenue ſur ſon pied; le ſecond *e*, eſt formé d'un petit vaſe que tient une Prêtreſſe de Diane, c'étoit le bénitier d'un temple de cette Divinité. Le troiſieme *f*, préſente une grande coquille, portée ſur les ailes d'une ſorte de Syrene; ce qui fait préſumer qu'il étoit conſacré à Amphitrite. On voit au-deſſous un de ces autels *g* conſacrés aux Dieux Lares & aux Pénates. Suit un *ſimpurium h*, où l'on conſervoit le vin des libations; car, quoiqu'elles ſe fiſſent également avec du ſang, de l'eau, du lait & de l'huile, celle du vin étoit regardée comme la libation proprement dite. A l'égard du croiſſant *i*, c'eſt un vœu aux trois Divinités que déſignent les attributs.

PLANCHE VII.

JUGEONS par ce trépied *a* conſacré à Eſculape, & par les poulets *b* mangeant avec avidité, que les Augures cherchoient à ſe rendre ce Dieu favorable par des ſacrifices. Quand on immoloit de petites victimes *c* (c'étoit l'uſage des Aruſpices), ils les expoſoient quelque tems ſur l'autel, avant que d'en conſulter les entrailles.

On voit ici un bâton augural *d*, & une patere *e* d'une grande richeſſe. Plus bas, un *lectiſterne f*: c'eſt le modele de cette cérémonie uſitée chez les Romains, qui conſiſtoit à faire un grand repas, auquel ils invitoient les Dieux. On mettoit leurs ſtatues ſur des lits autour de la table. Pendant le repas, les convives jettoient ſur ces lits des couronnes de fleurs, des branches de lauriers, & célébroient ainſi la fête des Divinités qui leur étoient les plus cheres.

PLANCHE VIII.

DANS l'immolation des victimes humaines, on n'obſervoit pas d'autres formalités que dans les ſacrifices des animaux. La victime *a*, dépouillée en partie de ſes vêtemens, eſt conduite au pied de l'autel (*). Là, dans

(*) *Pietre Teſte a fourni les détails de ce ſacrifice.*

une attitude de consternation, livrée au Sacrificateur armé du glaive sacré *b*, elle présente le sein au coup mortel. Déjà un jeune Victimaire *c*, approche la coupe pour en recevoir le sang, & le Grand-Prêtre *d* met les parfums sur l'autel. Ce Ministre, coëffé d'un pan de son manteau & d'une couronne de chêne, comme les autres Ministres qui l'environnent *e*, *f*, regarde avec admiration la fermeté de la victime. Tous déplorent son destin, tandis que les Canéphores *g*, tenant en main leurs flûtes, attendent, pour en jouer, l'ordre du Grand Pontife. Le simpurium *h* est auprès d'eux, ils y puiseront les libations quand il sera tems de les faire.

PLANCHES IX & X.

LES momens successifs d'un sacrifice sont retracés dans ces deux feuilles consécutives. Ici, on amene le taureau *a*. Fier d'être destiné à un si noble sort, il se laisse docilement conduire par des Popes *b*, *c*, munis de haches & de couteaux. Il est paré de la mître *d*, qu'on ne mettoit aux victimes, que lorsqu'on alloit les immoler. Là, des Sacrificateurs, qui ont déjà atteré l'animal, achevent de l'assommer *e*. Plus haut, il est sur le bûcher, dressé sur l'autel *f*, où il va être en partie consumé (*). Au pied de cet autel, qui n'est qu'un assemblage de grosses pierres, expirent des brebis égorgées *g*; non loin, des Victimaires armés de masses & de maillets *h*, s'apprêtent pour un nouveau sacrifice.

L'instant de l'immolation, qui n'est point retracé dans la feuille précédente, l'est dans celle-ci. Le taureau est égorgé *a*, son sang remplit la coupe qui le reçoit. Au bas de la pierre sacrée, sont les instrumens sous lesquels il a péri *b*, en présence de la Reine des sacrifices *c*. Accompagnée d'une Prêtresse *d*, autour d'un petit autel encore allumé, elle fait la derniere offrande de l'encens qui lui reste sur sa patere.

(*) *Ce n'est que dans les holocaustes qu'on brûloit la victime entiere; dans les autres sacrifices, on en conservoit des portions pour les Prêtres & pour les Dieux.*

On joint ici un *Svovetorilie*. C'eſt un ſacrifice de trois animaux mâles, le taureau, le porc & le mouton; il ne ſe faiſoit que de cinq en cinq ans. Le taureau eſt paré d'une houſſe *e* en guiſe de ſelle; il marche de compagnie avec d'autres animaux conduits par un Prêtre *f* & par un Cultaire *g*, Pope qui étoit chargé d'égorger la victime dès qu'elle étoit aſſommée; auſſi avoit-il toujours le couteau en main. Cette marche eſt ſuivie d'un jeune Néocore Grec *h*, qui porte des préféricules *i*, *k*, pour les libations. Nous remarquerons qu'il a l'étole ſur ſon rochet; nouvelle preuve qu'en Grece, elle étoit un ornement religieux.

PLANCHES XI & XII.

LES ſacrifices publics étoient en ſi grande vénération chez les anciens, & ſi avantageux à ceux qui les offroient, qu'on en inſtitua de particuliers, afin que chacun, par ce moyen, pût ſe rendre quelque Divinité plus ſpécialement favorable. Dans ces céremonies domeſtiques, on n'avoit beſoin d'aucun Miniſtre étranger. Le chef de famille étoit à la fois pontife, victimaire, aruſpice, & faiſoit les offrandes & les libations. Chacun, ſuivant ſes facultés, ſacrifioit ce qu'il croyoit le plus agréable à ſa Divinité tutélaire. Ici, c'eſt un coq *a*, qu'une vieille femme immole à Eſculape; là, des chevreuils *b*, qu'un guerrier offre au Dieu Mars; ailleurs, un bon homme fait des libations *c* ſur un verrat, avant que de le ſacrifier à Cerès. Le billot, l'auge & la hache *d*, qui lui ſerviront pour dépecer l'animal, ſont auprès de lui. Plus bas, deux époux *e* égorgent une chevre; & un enfant *f*, après avoir quitté ſa flûte, s'occupe de la priere & du ſacrifice de fruits & du lait qu'il offre à ſon Dieu favori. Le même acte de religion eſt retracé dans la planche ſuivante.

Un robuſte adoleſcent *a*, une jeune femme *b*, préſentent à Hercule une offrande de fleurs, de fruits, de gâteaux *c* & de toutes ſortes de libations apprêtées autour de ſon autel. Pluſieurs particuliers faiſoient ainſi, à leur gré, des ſacrifices ſanglans & non ſanglans à leurs Dieux tutélaires. Mais ils ne se bornoient pas à ces pratiques religieuses ; & quelquefois, tel chef de famille qui avoit fait les fonctions de prêtre & de victimaire, faisoit dans un même jour celles d'augure & d'aruspice. Les connoissances que bien des Romains avoient dans l'art de la divination (*), les mettoient à portée de consulter eux-mêmes le chant des oiseaux & les entrailles des victimes *e*.

(*) Cet art faisoit partie de la religion des payens. Les Prêtres Romains se piquoient d'en connoître les mysteres ; & à cet égard ils étoient fort considérés à Rome.

FIN des Explications du troisieme Cahier.

3.e Cahier.
Planche I.ere
A.
B.
C.
D.
E.

3e. Cer
Pl. II.
A.
B.
C.
D.
E.
F.
G.

3.e C.er
A.
F.
C.
Pl. III.
B.
E.
★
D.
F.

3.e C.er
.A.
Pl. IV.
.B.
.C.
.D.
.E.

3.e C.er
Pl. V.
.A.
.B.
.C.
.G.
.D.
.F.
.E.

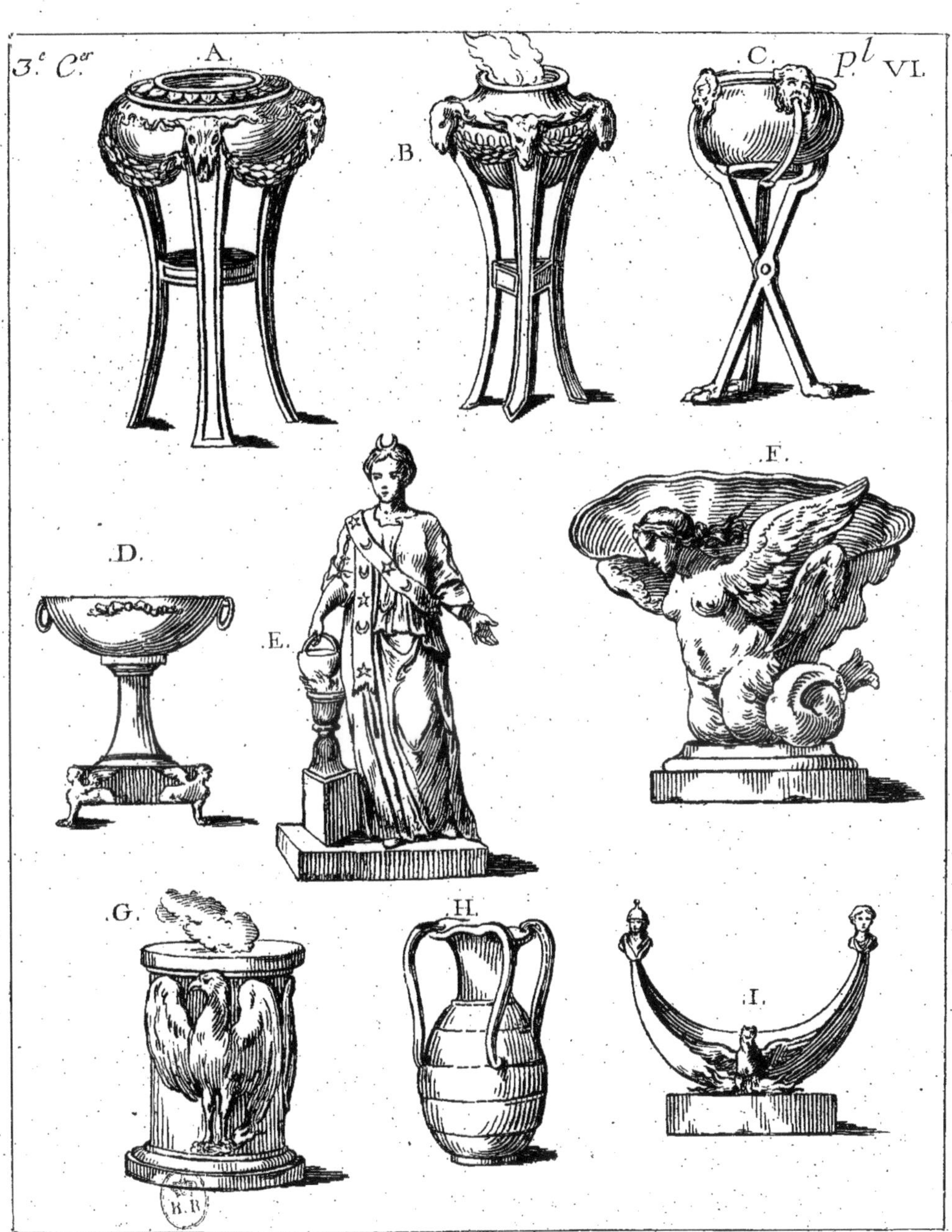
3.e C.er
Pl. VI.
.A.
.B.
.C.
.D.
.E.
.F.
.G.
.H.
.I.

3.e C.er
Pl. VII.
A.
B.
C.
D.
E.
F.
H.R.

3e. Ce.
Pl. VIII.
E.
D.
F.
G.
B.
H.
C.
A.

.F. .H. .G. .B. .D. .A. .C. .E.

A.
D.
C.
B.
I.
H.
F.
G.
E.
K.

3.e C.er
Pl. XI.
.A.
.B.
.C.
.D.
.E.
.F.

3.e C.er
Pl. XII.
.E.
.A.
.C.
.B.
.D.

COSTUME
DES GRECS ET DES ROMAINS.

PREMIERE PARTIE.

USAGES RELIGIEUX.

QUATRIEME CAHIER. *PLANCHE I.*

DANS ce facrifice à Mercure *a*, le grand-Prêtre *b*, coëffé d'un voile que ceint une couronne de pourpier, offre des aromates à la divinité. Deux Camilles *c* affiftent auprès de l'autel, & des Prêtres fe difpofent à faire les libations, quand le jeune Pope *d* aura reçu le fang des victimes. Déjà le taureau *e* eft expiré; mais le bouc *f* fe roidit contre le glaive du victimaire, & femble témoigner par fa réfiftance (*) n'être pas une offrande agréable à Mercure : car chaque Dieu avoit des animaux qui lui étoient plus particuliérement confacrés. On immoloit le taureau à Jupiter; la truie pleine à Cibele ; à Junon, des génifles, des brebis, des chevres; à Neptune, un taureau noir & des agneaux; à Proferpine, une vache. Les animaux dévoués à Cerès, étoient le verrat & la truie; à Venus, la chevre blanche ; c'étoit à Bacchus qu'on offroit le bouc. On facrifioit des chevaux au Soleil; à Apollon, la brebis & le chevreuil; à Mars, le taureau; à Hercule, le cerf; à Minerve, des bœufs qui n'avoient pas encore été fous le joug; à Diane, des biches & des chèvres; aux dieux Lares, un agneau femelle, des hirondelles & des chiens. Parmi les bêtes féroces, on choififfoit le lion pour Vulcain; le loup pour Apollon & pour Mars; le dragon pour Bacchus & pour Minerve; le ferpent pour Efculape; & parmi

(*) Les Arufpices auguroient mal du facrifice, quand la victime ne fe laiffoit pas immoler docilement.

les oiseaux on réservoit l'aigle à Jupiter; le paon à Junon; la chouette à Minerve; le corbeau & le coq à Mercure; le vautour & le pic-verd à Mars; le coq à Esculape; les tourterelles & la colombe à Vénus; les alcions à Thetis, & le phénix au Soleil (*). Ces détails pourront être utiles aux personnes qui, par curiosité ou par état, ont intérêt de les connoître.

PLANCHE II.

C'est d'après Montfaucon & du Choul qu'ont été extraits les instrumens de sacrifice, dont on va donner dans les trois feuilles suivantes le nom, la forme & l'usage. *a Lituus*, bâton augural dont se servoient les Aruspices. *b* Patere à queue pour les libations offertes aux Dieux infernaux (**). *c* Patere à servir les viandes. *d* Poignards à l'usage des Flamines & des souverains Pontifes. *e* Fourchette pour enlever les graisses. *f* Hache avec laquelle les grands Sacrificateurs dépecoient les victimes. *g* Candelabre pour éclairer les sacrifices. *h* Spatules pour fouiller les intestins des animaux. *i* Cage pullaire, où l'on nourrissoit les poulets pour les augures.

PLANCHE III.

a VASE où les Prêtres faisoient cuire leur viande. *b* Acerre, coffre à l'encens. *c* Disque, bassin sur lequel on offroit les parfums avant que de les brûler. *d* Cuillers pour prendre l'encens dans l'acerre. *e* Pêle pour porter du feu aux autels & pour en retirer les cendres. *f* Turibule, espece d'encensoir dont on se servoit pour parfumer les temples. *g* Patere à l'usage des Vestales. *h* Vase à recevoir le sang des victimes. *i* Simpule pour les libations de sang.

PLANCHE IV.

a ASPERSOIR pour faire les lustrations. *b* Bénitier où se conservoit l'eau lustrale. *c* Préféricules, vases d'airain pour certaines liqueurs des

(*) Voyez l'Abbé Banier, tom. 1, pag. 245.
(**) On faisoit ces libations dans des fossés creusés autour de leurs autels.

libations. *d* Simpules servant à verser les liqueurs dans les préféricules. *e* Candelabre consacré aux Pénates. *f* Glaive sacré pour l'immolation. *g* Maillet & hache pour assommer les victimes. *h* Tête de taureau décharnée. *i* (*) Dépouille d'animal, dont les Luperces ceignoient leurs reins. *k* Tête de bélier, que les Payens arboroient quelquefois en guise d'enseignes ou de signaux. *l* Couperet & hache pour dépecer les victimes. *m* Diverses gaînes de couteaux : les Popes & les Sacrificateurs les portoient ordinairement suspendues à leur ceinture.

PLANCHE V.

Les Grecs & les Romains étoient si prévenus en faveur des Oracles & des Sybilles (**), qu'ils les regardoient comme les plus respectables objets de leur religion. Les principaux Oracles de la Grece étoient ceux d'Ammon, de Dodone, de Delphes, &c. Ce dernier n'étoit pas le plus ancien, mais il étoit le plus célebre. Les Prêtres qui dans les autres temples prédisoient l'avenir sous le nom de la divinité dont ils étoient censés l'organe, n'étoient dans celui-ci que les coopérateurs en second des mysteres prophétiques. C'est la Pythie *a*, grande-Prêtresse d'Apollon *b*, qui seule avoit droit de rendre des oracles. La façon curieuse dont elle s'acquittoit de ce soin, mérite qu'on en fasse une mention particuliere. Après bien de cérémonies, sacrifices, purifications, jeûnes, &c. elle venoit au temple, s'asséyoit sur le trépied *c d* d'Apollon (***), qui étoit placé dans le sanctuaire, au-dessus d'un trou mystérieux, d'où sortoit, à gros tourbillons, une vapeur infernale *f g*. Dès que cette vapeur avoit pénétré dans les entrailles de la Pythie, & qu'elle en étoit comme enyvrée, ses cheveux se dressoient sur sa tête ; son regard devenoit farouche ; sa bouche écumoit ; un tremblement subit, mêlé de convulsions, s'emparoit de tout son corps ; elle étoit comme une personne agitée de fureur. Dans cet état violent elle proféroit par intervalles quelques paroles mal articulées, que les Hypophetes *h* recueilloient avec soin, & dont ils formoient un sens qu'ils donnoient pour la réponse d'Apollon. L'oracle prononcé, on retiroit la Pythie de dessus le trépied, pour la conduire dans sa cellule.

(*) Voy. la Pl. V du troisieme Cahier.

(**) Voy. ce qui a été dit de ces Prophétesses, Pl. VII, Cahier second.

(***) Ce trépied a été indiqué, Pl. III, Cahier troisieme.

PLANCHE VI.

LA célébration des jeux du Gymnafe & du Cirque, formoit chez les Anciens une fête folemnelle. Ces jeux, qui faifoient partie de leur éducation & de leur culte, confiftoient en combats, courfes, jets, &c. Parmi les combats, le pugilat étoit un des plus renommés. Deux athletes, armés du cefte *a* (*), fe menaçoient, s'attaquoient, fe frappoient du poing, & fe donnoient des coups fi terribles, que, poffédés de rage & douleur, ils ne fe quittoient pas que l'un d'eux ne s'avouât vaincu ou n'expirât *b* : auffi avoient-ils grand foin de fe garnir la tête de bandes, de courroies & de lames de métail *c*, qui leur garantiffoient les tempes & les oreilles. La lutte n'étoit pas moins renommée, ni moins dangereufe que le pugilat. Les champions qui combattoient tout nuds, fe frottoient d'huile, pour s'échapper plus aifément des bras de leur adverfaire. Malgré cette précaution, ils fe prenoient au corps, fe ferroient fi étroitement, fe fecouoient avec tant de vigueur pour fe terraffer, que le plus foible cédoit enfin. Dans cet état, il fe débattoit vainement ; fon vainqueur lui mettoit le pied fur la gorge, & le réduifoit hors d'état de défenfe. C'eft ce qu'exprime affez énergiquement le grouppe antique *d*. On l'a préfenté fous deux afpects *d d*, penfant que tout mutilé qu'il eft, les connoiffeurs le verroient avec plaifir. Le Cirque Romain ici retracé *e*, donne une idée du Gymnafe Grec. L'un & l'autre étoient des endroits fpacieux, où fe faifoient les combats, les luttes, les courfes, & où l'on apprenoit les divers exercices que ces deux Peuples avoient empruntés les uns des autres.

PLANCHE VII.

VOICI deux Ceftiphores *a*, ainfi nommés de leur cefte, qui retracent d'une maniere bien fenfible, & la façon d'attacher le gantelet *b*, & la maniere d'engager le pugilat. Ils font à demi vêtus de tuniques courtes & légeres *c*, comme le Rétiaire *d*, qui, avec fon filet & fa fourche, annonce une autre efpece de combat. On voyoit parmi ces jeux gymnaftiques, des athletes qui ne s'attachoient qu'à embarraffer leurs en-

(*) Gantelet fait de cuir de bœuf, très-dur, & garni de fer ou de plomb.

nemis dans des filets, pour les forcer, dans cet état, à s'avouer vaincus & demander la vie, s'ils ne vouloient expirer sous le trident. D'autres luttoient avec l'épée *f g*, & ne faisoient point de quartier à leur adversaire, quand ils l'avoient désarmé (car pour vaincre, il en falloit venir là); à moins que les assistans ne demandassent grace pour le vaincu. Le jet du javelot & du palet *h* est compté au rang de ces exercices des Anciens. On adjugeoit la victoire à celui qui lançoit plus loin & plus droit le disque & le dard.

Planche VIII.

Les Rétiaires combattoient aussi avec des lacs de corde, quelquefois à nœuds coulans, & avec des poignards *a*. Ils se blessoient souvent à mort, & presque toujours le plus fort étrangloit ou égorgeoit son ennemi *b*. (*) La fureur de ces jeux avoit passé jusqu'aux femmes. L'on a vu des Gladiatrices *c d*, au risque d'ensanglanter l'arene, se battre à l'épée avec autant de force, de courage & d'acharnement, que les athletes les plus vigoureux, les plus vaillans, les plus obstinés: elles n'avoient que leur bouclier pour toute défense: il étoit d'usage que leur combat finît au premier sang. Les courses se faisoient indifféremment à pied, à cheval & dans des chars *e*. Cette derniere façon de disputer le prix, étoit la plus noble, & les personnes de considération n'en pratiquoient pas d'autres. Le conducteur guidoit les rênes de ses chevaux avec autant d'adresse que de prudence; de maniere qu'en provoquant leur velocité, il franchissoit tous les obstacles qu'il trouvoit dans son chemin, & évitoit sur-tout la rencontre des bornes, qu'il falloit tourner trois fois, avant que de retourner au but d'où il étoit parti. On exposoit au milieu de la course les couronnes, les palmes *g*, les baguettes, & autres marques de distinction réservées pour les vainqueurs.

Planche IX.

Nous exposons dans cette feuille, & dans la suivante, les Lutteurs qui sont à Rome dans les jardins de Médicis, le Gladiateur *a* du palais Borghese, & le Mirmillon de la vigne Ludovisiane *b*; chefs-d'œuvres de

(*) Voyez ci-après le Mirmillon expirant *b*, Planche X.

l'antiquité dans les beaux siecles de la Grece. Le détail des beautés qui caractérisent ces ouvrages rares, est l'explication la plus convenable qu'on puisse en faire, d'autant qu'elle devient également intéressante & instructive. Dans le grouppe des Lutteurs qu'on a retracés de deux faces *b*, *c*, pour y développer un plus grand nombre de perfections, les connoisseurs admireront le savant contraste, l'ingénieux entrelacement de tous les membres des deux athletes, les efforts que fait l'un pour se relever, les violences auxquelles son adversaire l'asservit pour y mettre obstacle, les contorsions forcées où le premier réduit le bras de son ennemi, & les mouvemens extraordinaires du second pour résister à son antagoniste; enfin, les effets prodigieux du jeu des muscles, de la tension des nerfs, de l'énergie des expressions, j'ai presque dit, de toutes les vérités de la nature.

PLANCHE X.

LE Gladiateur *a* présenté de deux points de vue, ainsi que les Lutteurs *b*, *c* & pour le même objet, offre des motifs d'instruction d'un autre genre. L'esveltesse de la figure, l'élégance de son attitude, le développement de toutes ses parties, la fierté de son caractere, la grandeur, la science, la pureté de ses contours, ne sont pas moins dignes d'éloges que la vivacité de son action, la chaleur de ses gestes, le balancement, la pondération & l'équilibre de tous ses membres. Si nous joignons à ces beautés la finesse des attachemens, la légereté des genoux, des pieds, des mains, les oppositions des muscles se contrastant, se liant, se succédant par formes, par distances, par grandeurs inégales, & se faisant mutuellement valoir, nous trouverons dans cette sublime production de l'antiquité, toutes les recherches & tous les principes de perfection dont l'art du ciseau est susceptible.

Le Mirmillon blessé *b* n'a pas l'élégance de la pensée, ni les finesses de l'exécution qu'on remarque dans les Lutteurs & le Gladiateur; mais il offre un intérêt bien touchant, une attitude pathétique, une expression qui va au cœur, & qui semble demander grace pour les beautés qu'il n'a pas. D'ailleurs, l'ouvrage est d'un fier caractere de dessein, & de la plus grande maniere. L'âge, l'état, la douleur, la défaillance, l'ame, la vie, autant qu'on peut en exiger d'un athlete mourant, y sont rendus avec sentiment & justesse. Si, malgré tant de parties de l'art qui y font réunies, il n'atteint pas la fupériorité des autres chefs-d'œuvres, c'eft qu'on peut leur être inférieur, & conferver encore le droit de prétendre aux fuffrages & à l'admiration des connoiffeurs de tous les pays & de tous les fiecles.

PLANCHE XI.

LES honneurs & les prérogatives qu'on accordoit aux vainqueurs dans les exercices gymnaftiques, ne fe bornoient pas aux palmes, aux couronnes, aux applaudiffemens publiés à fon de trompe. On portoit la confidération jufqu'à leur ériger des ftatues. En voici une *a* que le hafard nous a procurée, & qu'on croit être la repréfentation d'un Athlete Spartiate, qui avoit remporté vingt prix, tant en Grece qu'à Rome, dans les différens exercices du gymnafe & de l'amphithéâtre. On prétend que les habitans de Lacédémone, touchés d'un exemple fi extraordinaire, de courage, d'adreffe & de force, fenfibles d'ailleurs aux fentimens d'humanité qu'on avoit toujours remarqués en lui, n'ayant jamais occafionné la mort d'aucun de fes adverfaires, demandant au contraire grace pour eux dès qu'il les avoit terraffés, crurent devoir cette marque de diftinction à un citoyen d'une valeur & d'une générofité fi louables. Les Athletes fes compatriotes entretenoient, à leurs dépens, deux lampes *b*, *c*, qui brûloient nuit & jour, lors de la célébration des jeux gymnaftiques; & les vainqueurs fubvenoient aux frais des parfums *d* qui fumoient perpétuellement devant la ftatue. Elle étoit dans l'attitude d'un champion prêt à combattre contre tout venant, élevé fur un maffif où fe lifoit l'infcription qui le caractérifoit: *vita victo : qu'on accorde la vie au vaincu* (*).

PLANCHE XII.

POUR terminer cet article des luttes & des combats gymnaftiques par quelque fait intéreffant qui lui foit analogue, retraçons la cataftrophe de Laocoon *a* & de fes deux fils (**), luttant contre les ferpens

---

(*) Les Athletes fouvent, comme des lions furieux, combattoient jufqu'à fe tuer, à moins que le peuple par fes acclamations ne demandât quartier pour ceux qui étoient bleffés à mort. Si le peuple au contraire crioit : *recipe ferrum*, reçois le fer, ils étoient tués fans miféricorde.

(**) Cette cataftrophe arriva dans le tems que Laocoon facrifioit un taureau à Neptune. Virg. Eneid. Liv. II.

monstrueux prêts à les dévorer. On voit dans ce grouppe le Prêtre de Neptune, plus malheureux que tous les Athletes de Rome & de la Grece, qui ne combattoient qu'avec leurs pareils; au lieu que Laocoon est ici en proie au courroux des Dieux; on voit, dis-je, ce Prêtre de Neptune & ses fils *b*, *c*, combattre en vain, avec des efforts terribles, la fureur des monstres qui les enchaînent & qui les tourmentent, en formant mille replis autour de leurs corps, & en épuisant sur eux leurs cruelles morsures. Par-tout l'impression des souffrances, les cris de la douleur & du désespoir, les mouvemens convulsifs de la nature violentée, se font sentir à travers la dureté du marbre qui les exprime. Si les trois célebres Rhodiens, Agesander, Polidore & Athenodore, qui ont eu part à cet ouvrage, se sont disputés la gloire de se surpasser entre eux par leur habileté, ils n'ont pas réussi à mériter des préférences; mais ils ont mérité un avantage bien plus glorieux, celui de s'égaler. Les sublimes beautés de ce grouppe sont dans un si parfait équilibre, qu'il semble fait d'un même ciseau. Monument admirable, que de savantes mains ont sculpté d'un seul bloc, & qui faites la plus noble décoration des jardins du Vatican, vous témoignerez à jamais en faveur de la supériorité des Statuaires anciens! Puissiez-vous servir d'objet d'étude & d'émulation à nos Sculpteurs modernes qui, par leur admiration sincere, font bien voir qu'ils connoissent tout le prix que vous valez (*)!

(*) On n'envisage point ce groupe du côté du costume: on convient qu'il y est totalement contraire; mais il faut convenir en même tems, que les beautés qu'il présente ne laissent qu'à peine le regret d'y trouver cette irrégularité. S'il étoit plus exact, feroit-il aussi sublime?

FIN des Explications du quatrieme Cahier.

.A.

B

.C.

.D.

E.

.F.

4.e C.er
P.l II.
.A.
.B.
.C.
.D.
.E.
.F.
.G.
.H.
.H.
.I.

4.e C.er
Pl. III.
.B.
.C.
.A.
.D.
E
.D.
.F.
.G.
.H.
.I.

4.e C.er
P.l IV.
.A.
.B.
.C.
.C.
.E.
.D.
.D.
.F.
.G.
.H.
.I.
.K.
.L.
.M.
.N.

A.
B.
H.
E.
C.
F.
G.
D.

4.e C.er
Pl. VI.
A.
C.
D.
D.
B.
E.
B.E.

4.e C.er
P.l VII.
.A.
.B.
C.
.D.
.E.
.F.
.G.
H.

4.e C.er
Pl. VIII.
A.
A.
B.
C.
D.
E.
F.
G.

4.e C.er
Pl. IX.
A.
B.
C.

.A.

.B.

A.
B.
C.
VITA VICTO.
D.

.C.
.B.

COSTUME
DES GRECS ET DES ROMAINS.

PREMIERE PARTIE.

USAGES RELIGIEUX.

CINQUIEME CAHIER. *PLANCHE I.*

L'OPINION des païens ſur les peines & les récompenſes d'une autre vie, leur faiſoit un devoir de prier pour les morts, d'autant plus ſacré qu'il leur étoit preſcrit par la Nature & par les Dieux. Ils confioient au marbre la repréſentation des funérailles de leurs proches, pour tranſmettre aux ſiecles à venir les ſentimens de leur affliction. C'eſt ce qu'on peut préſumer de la tendreſſe d'Oenée, roi de Calidon, faiſant ériger à ſon fils Meleagre, le tombeau dont nous produiſons ici la face la plus intéreſſante *a*. On y voit le jeune chaſſeur moribond, dans la bouche duquel on met l'obole *b*, que les anciens croyoient être obligés de payer à Caron pour le paſſage de l'Acheron ou du Styx. Le bon vieillard Oenée *c*, accompagné de ſes filles & de ſon domeſtique, vient témoigner ſes regrets; & Atalante *d*, qui la premiere avoit bleſſé le ſanglier deſtructeur des campagnes de Calidon, ſe livre en détournant la vue, à la plus mortelle douleur : il n'y a pas juſqu'au chien du chaſſeur *e* qui ne paroiſſe ſenſible à la perte de ſon maître. Les particularités de l'aventure qui manquent ici, ſont vraiſemblablement retracées dans les autres faces du tombeau (*).

En comparant ce bas-relief antique avec un ouvrage connu ſous le nom de l'*extrême-onction* du Pouſſin *f*, nous n'avons pu nous refuſer à une réflexion importante pour les artiſtes. De fameux peintres, Pouſſin, le Brun, le Sueur, Raphaël lui-même, ont ſouvent emprunté de l'antique des idées qu'ils ont embellies en ſe les appropriant. Le rapport bien ſenſible des deux figures *c b* & *g h*, qui dominent dans les compoſitions dont nous faiſons l'examen en eſt une preuve convain-

NOTA. *Dans l'explication du troiſieme Cahier, pag.* 23, *liſez* Suovetorilie, *au lieu de* Svovetorilie

(*) Il eſt conſervé à Rome dans la maiſon de MM. de Valle.

cante ; elle nous donne occaſion de louer les vues juſtes & profondes du Peintre françois qui a ſi ingénieuſement mis à profit cette heureuſe licence. Mais ce qui eſt louable dans les grands maîtres, ce qui prouve l'étendue de leur connoiſſance, la juſteſſe de leur diſcernement & leur ſoin à faire la richeſſe de l'art, pourroit dégénérer dans de jeunes artiſtes, en abus, qui flattant leur indolence à inventer, les conduiroit à devenir plagiaires, ſous prétexte de ſe rendre imitateurs. Qu'ils étudient l'antique pour acquérir la connoiſſance des belles formes & ſe faire un bon goût de deſſein : c'eſt ce qu'on ne ſauroit trop leur recommander ; mais qu'ils ſoient bien perſuadés que la penſée faiſant la principale valeur d'une ordonnance pittoreſque, ils doivent s'occuper ſans ceſſe à ſe former un génie créateur, à exercer continuellement leur imagination & à éviter avec ſoin de penſer d'après les autres. Quelle honte en effet pour eux de s'expoſer au reproche de n'être qu'inventeurs en ſecond, dans des productions dont le premier mérite eſt de les avoir imaginées ! On a joint à ces deux compoſitions *a*, *f* les pieces de monnoie qu'on mettoit dans la bouche des moribonds *i*, les bagues qu'on leur ôtoit des doigts, les couronnes d'or ou de branches d'olivier qu'on poſoit ſur leur tête *k*, & les fioles de baume *l* dont on les oignoit dès qu'ils étoient expirés.

PLANCHE II.

VOICI un Guerrier *a* qu'on enveloppe d'un ſuaire d'amiante pour le porter au bûcher : cette toile incombuſtible empêchoit qu'aucun corps étranger ne ſe mêlât avec les cendres du cadavre. On voit autour du lectique, les armes du défunt *b b*, non loin le vaſe d'eau luſtrale, les branches de laurier pour l'aſperſion *c*, & les flambeaux qu'on portoit dans les convois *d* : ces torches étoient faites de cordes enduites de matieres réſineuſes. Les perſonnes de moindre conſidération, telles que l'adoleſcent *e*, extrait d'un bas-relief qui eſt à Barberin, étoient portées au bûcher à force de bras par de robuſtes Veſpillons (*). Quelquefois elles étoient accompagnées d'un Muſicien *f* qui jouoit de la flûte longue en la tournant vers la terre. Les Grecs faiſoient porter ſur un bouclier les Militaires qui étoient morts glorieuſement dans les combats *g*. Cette coutume occaſionna le propos héroïque de la Dame Lacédémonienne qui, au rapport de Plutarque (**), en remettant le

(*) Les Romains nommoient ainſi ceux qui par état portoient les cadavres au tombeau.

(**) *Vie de Licurgue.*

bouclier à son fils, lui dit : *aut hoc, aut in illo ; rapporte ce bouclier, ou que ce bouclier te rapporte.*

PLANCHE III.

ON retrace ici un jeune homme *a*, qui, suivant la superstition des anciens, chasse les génies malfaisans, par le bruit de deux poilons de cuivre qu'il heurte l'un contre l'autre. Un de ces poilons *b* est retracé séparément à côté d'une bouteille sépulcrale *c*. Autour du jeune homme sont trois urnes cinéraires *d, e, f*. Il y en avoit de pointues qu'on enfonçoit dans la terre pour conserver fraîchement ce qu'elles contenoient ; on plaçoit les autres dans les tombeaux ou sur des colonnes *g*, quand on vouloit faire honneur aux cendres du défunt.

Les bûchers des personnes de considération étoient arrangés avec une certaine symétrie *h i* ; on n'y employoit que des bois odoriférans & les plus combustibles ; les aromates, les parfums étoient mêlés parmi les troncs, qu'on avoit soin d'orner de fleurs & de guirlandes de cyprès. Quelquefois avant qu'on brulât le cadavre, les parens, les amis demandaient à le revoir *l* ; alors on abaissoit le suaire. Le vase destiné pour les cendres *k* étoit au pied du bûcher.

PLANCHE IV.

CETTE feuille qui n'est presque remplie que d'urnes sépulcrales semble n'avoir pas besoin d'explication. Cependant pour ne rien laisser à désirer aux curieux, il convient que nous entrions dans quelques details. L'urne principale *a* est le simple modele d'une pareille très-ornée qu'on voit à Rome au palais de la Farnesine : dans ces grandes urnes on enfermoit des urnes cinéraires & des fioles lacrimatoires. A ses côtés sont deux vases couverts d'un tailloir, où sont tracés les instrumens de la profession des artisans dont ils renferment les cendres *b, c*. Parmi les autres vases *d, e, f* est une espece de caisson *g*, qu'on nommoit *ossuarium* ; il servoit pour l'ordinaire à transporter les ossemens des étrangers décédés hors de leurs pays. Le colombaria *h* étoit un bâtiment destiné à renfermer les urnes sépulcrales de toute une famille. On plaçoit les plus distinguées dans les niches supérieures avec des inscriptions ; & celles qui l'étoient moins étoient déposées dans les niches inférieures avec les fioles lacrimatoires. On enfouissoit à demi dans la terre du caveau celles qui n'étoient que de verre *k*, *l*, & celles qui ſe terminoient en pointe *i* y étoient quelquefois enchâſſées de maniere qu'on ne pouvoit plus les en retirer.

PLANCHE V.

LES bûchers *a* où l'on immoloit des victimes en holocauſte dans certaines pompes funebres n'étoient compoſés que de troncs d'if, de pin & de frêne, ſans être mêlés de plantes odoriférantes, ni ornés de guirlandes de cyprès, comme ceux où l'on brûloit des cadavres de conſidération; mais les bois étoient arrangés avec la même ſymétrie, par lits & tranſverſalement les uns ſur les autres. Nous avons vu que les Grecs faiſoient porter au bûcher ſur un bouclier les Militaires morts glorieuſement à l'armée; les Latins les y faiſoient porter ſur un lectique *b*, *c*, *d*, ſemé de feuilles de laurier ou d'autres arbres conſacrés aux divinités les plus cheres aux défunts. C'étoient leurs premiers domeſtiques *e* & des ſoldats *f* qui étoient chargés du tranſport (*).

PLANCHE VI.

PRESQU'A tous les convois il y avoit des Muſiciennes *a*, *b*, pour chanter les louanges du défunt; des joueurs de flûte *c* pour accompagner leur voix; & des pleureuſes à gage (**) pour manifeſter la triſteſſe du deuil *d*, *e*. Les cantiques & les inſtrumens n'avoient rien qui ne fût analogue à la décence & au caractere de la cérémonie; mais les pleureuſes ſe livroient à des démonſtrations ſi outrées, ſur-tout quand elles arrivoient à l'endroit de la ſépulture *f*, qu'elles étoient plutôt capables d'exciter les riſées que l'affliction. Enfin elles portoient ſi loin la violence de leurs grimaces de douleur & de déſeſpoir, que la fatigue les obligeoit quelquefois de ſe repoſer par terre *g*, conſervant toujours cet air de déſolation qui entroit dans le marché de ceux qui les payoient. C'eſt ce que cette planche retrace.

(*) On en voit l'exemple dans un des tableaux de la galerie du Duc d'Orléans, peinte par Antoine Coypel. Ce tableau repréſente les obſeques du jeune Pallas, fils d'Evandre, roi d'Italie.

(**) Les pleureuſes à gage ſe nommoient *Carines*. Elles répandoient quelquefois leurs larmes dans des tabliers de cuir, & les ramaſſoient avec de petits cuillers pour en remplir les fioles lacrimatoires.

PLANCHE VII.

Les pompes funebres des grands Capitaines étoient bien nobles & bien pathétiques. On y portoit tout ce qui pouvoit leur faire honneur. Le casque du Guerrier, son épée, son poignard *a*, sa clamide, son bouclier *b*, y étoient exposés en trophée, pour être ensuite jettés dans le bûcher. On y arboroit, au bout d'une lance, les bustes & les médaillons de ses ancêtres & des personnes qui lui avoient été cheres *c*; l'urne de ses cendres, ceinte de laurier, étoit portée par un Camille *d*: ses soldats consternés tournoient vers la terre le fer de leurs javelines *e*, les licteurs tournoient de même la hache de leurs faisceaux *f*. La trompette voilée d'un crêpe *g*, annonçoit d'un ton sépulcral la tristesse du convoi; & les pots à feu *h*, les trépieds fumans *i*, placés à très-peu de distance les uns des autres, donnoient à la cérémonie tout l'éclat & la distinction que méritoit le défunt.

PLANCHE VIII.

Les tombeaux des personnes de grande considération étoient souvent en forme de tours *a*, élevées sur des massifs *b*. On déposoit dans ces tours les ossemens & les cendres du défunt; les massifs qui formoient d'especes d'hypogées, servoient à renfermer les bouteilles lacrimatoires, les lampes sépulcrales, les statues des Dieux pénates & les nourritures destinées pour les tombeaux. Peu de Curieux ignorent que la tour du château Saint-Ange *c* étoit la sépulture de l'empereur Adrien. Les papes l'ont considérablement appauvrie, en supprimant les belles figures de marbre, les chevaux, les chars, les colonnes & autres raretés dont les anciens avoient eu soin de l'enrichir. Qu'ont-ils substitué à ces chefs-d'œuvres? Un château, une galerie, quelques bastions & des fossés. Nous traçons ici ce monument d'après ce qu'en ont publié, il y a plus d'un siecle, Pietro Giuliani & André Palladio. Quelquefois les personnes distinguées faisoient arranger leurs os dans un sarcophage; tombe en forme d'autel *d* d'un quarré oblong, embelli d'ornemens sculptés & d'une épitaphe convenable. La pierre qui couvroit cette tombe étoit semée de trous *e*, par où les courtisans, les parens & les amis arrosoient dans certain tems les cendres des personnes qui leur avoient été cheres: de plus, l'air qui entroit par ces petites ouvertures garantissoit de la corruption les alimens qu'on enfermoit dans ces tombeaux, les desséchoit, les réduisoit en poussiere; & l'on ne craignoit point qu'il s'en exhalât de mauvaises odeurs. On y enfermoit aussi des lampes *e*, *f*, que l'on ralumoit aux anniversaires. On a déjà expliqué l'usage des ampoules lacrimatoires *g h*; mais on a oublié de dire que les pleureuses à gage faisoient de si grands frais de larmes qu'elles en remplissoient quelquefois à demi ces vases, non sans d'insignes supercheries.

PLANCHE IX.

Il y a apparence que ce tombeau *a* avoit été construit pour quelque célebre marin; dans l'ouvrage d'où on l'a extrait, il est élevé sur un rocher au milieu de la mer. La double tour *b* est, suivant la tradition populaire, le sépulcre de C. Sextus Calvinius, fondateur de la ville d'Aix en Provence, ou de Marius, consul Romain, qui, près de cette ville, défit les Teutons & les Ambrons : ce monument antique y forme une des tours du palais. On ignore pour qui a été érigé le mausolée qu'on voit près de Vienne en Dauphiné *c*. Bien des personnes croient que c'est pour quelque brave Officier romain qui trouva la mort où sa valeur lui avoit mérité les honneurs du triomphe : le caractere du monument suggere cette présomption. Les gens qui vouloient avoir des sépultures distinguées, se faisoient bâtir des hypogées *e*; c'étoient de vastes souterreins surmontés d'un donjon *g*. Là ils faisoient déposer leurs cadavres & ceux de leur famille, sans les faire brûler ni embaumer. La terre les conservoit long-tems dans leur fraîcheur, jusqu'à ce qu'elle les desséchât entiérement, comme sont desséchés les cadavres qu'on voit à Toulouse dans le caveau des Cordeliers. Le donjon ne servoit guere qu'à présenter leurs noms & leurs épitaphes, ou à contenir quelques urnes cinéraires. On voit des épitaphes qui non-seulement sont communes à toute une famille, mais encore à toute une compagnie de braves guerriers qui ont sacrifié leurs jours pour le salut ou la gloire de leur patrie. Telle est l'inscription qui fut faite à l'honneur des trois cent Lacédémoniens qui périrent au détroit des Termopyles *f*. Nous l'avons placée dans la planche conformément au rapport d'Hérodote; en voici la traduction françoise extraite d'après Rollin :

« Passant, allez annoncer aux Lacédémoniens, que, pour obéir à » leurs loix, nous sommes tous enterrés en ce lieu ».

PLANCHE X.

Les pyramides qu'on voit à Albano près de Rome, au tombeau des Curiaces *a*, *b*, prouvent que les Romains chérissoient infiniment les monumens qu'ils avoient empruntés des Egyptiens. Leur prévention à cet égard étoit bien judicieuse, n'y ayant rien de plus noble, ni de plus propre à annoncer dignement l'immortalité des héros : aussi manquoient-ils rarement d'employer ce type pour la désigner. Nous venons de voir une pyramide au mausolée de Vienne ; nous en trouvons cinq au tombeau des Curiaces ; nous en allons voir une autre former la sépulture de C. Cestius (*). Nous ne nous bornons pas à la retracer telle que l'a renouvellée le pape Alexandre VII, & que l'a publiée Montfaucon *d.* Nous l'exposons telle qu'elle est, c'est-à-dire, toute simple & engagée dans les murs de la porte Saint-Paul *e*. C'est ainsi que sans manquer à l'usage de n'enterrer personne dans Rome, & pour répondre en même tems au desir qu'avoit C. Cestius d'y être enseveli, le peuple Romain fit construire à ce digne comice une sépulture qui étoit tout à la fois dans la ville & hors des murs. L'autre tombeau *c*, quoiqu'antique, est très-ressemblant aux tombeaux ordinaires qu'on érige de nos jours. On peut y remarquer l'inscription D. M. qui signifie aux Dieux Manes : elle étoit très-usitée chez les anciens.

PLANCHE XI.

Les antiquaires conjecturent que ces ustensiles *a*, *b*, servoient à porter ce qui étoit nécessaire pour les repas des morts ; car (nous l'avons déjà annoncé) pendant plusieurs jours, on leur présentoit à manger & à boire comme s'ils étoient vivans ; & lorsqu'on discontinuoit de les servir ainsi, on enfermoit dans leurs tombeaux, non-seulement des nourritures, des liqueurs de toute espece ; mais encore des parfums, du linge, des vêtemens ; enfin tout ce qui fait partie des commodités de la vie. Il y avoit des personnes qui exigeoient qu'on plaçât leurs Dieux lares à côté de leurs cendres.

Outre les inscriptions qu'on mettoit sur les tombeaux, on y sculptoit les marques de la dignité du défunt. Pour les Consuls & tous les Officiers qui étoient en droit d'avoir des licteurs, on mettoit des faisceaux *c*, *d* ; des armes pour les militaires *e* ; pour les artisans *f*, *g*,

(*) L'un des sept que l'on créoit sur les comices solemnels des sacrifices.

des outils de leur profeſſion (*), & l'on déſignoit allégoriquement les êtres moraux ; la valeur étoit caractériſée par un lion *h*, la généroſité par une main qui répand des pieces d'or avec profuſion *i*, l'amitié par deux cœurs (**). Ces attributs étoient ſculptés en bas-reliefs & gravés ſur les urnes cinéraires, ou ſur l'eſpece de tailloir qui les couvroit. Pour les perſonnes duſexe qui s'étoient diſtinguées dans leurs talens, on gravoit ſur la tombe une couronne de fleurs entrelacée de lauriers *k*.

PLANCHE XII.

On croit que l'urne *a* déſignée par une inſcription relative à la retraite des dix mille, fut deſtinée aux cendres de Xenophon ; le vaſe *b*, aux oſſemens de Paul Emile ; & celui qui eſt caractériſé par des plumes à écrire *c*, à Demoſthene : la plume qu'il ſuça pour s'empoiſonner quand on venoit ſe ſaiſir de lui par l'ordre d'Antipater & le ſerpent qui eſt à l'urne, ont ſans doute donné lieu à ces conjectures : nous ne les garantirons pas. Nous avancerons avec plus de confiance, que le vaſe *d* couronné par un nid d'aiglons, a contenu les cendres de Marius : le trait de Plutarque l'indique. Cet hiſtorien rapporte qu'une aigle, dans la jeuneſſe du conſul Romain, laiſſa tomber ſur ſa robe une aire où étoient ſept aiglons, & que les devins tirerent de cet événement un heureux augure en faveur de Marius (***). A l'égard de la pierre ſépulcrale *f* où ſe lit : *viator ad ærarium*, la bourſe & la petite cuiller qu'on y voit ſont des armes parlantes, qui déſignent qu'elle étoit au tombeau de quelque officier du tréſor des Romains. Les autres objets contenus dans cette feuille ſont des fioles lacrimatoires *g*, dont une *h*, la ſeule digne de remarque, annonce par l'inſcription, que les pleurs qu'elle renferme ſont les pleurs de l'amitié.

(*) L'exemple eſt à la Planche IV de ce Cahier, Fig. *b c*.
(**) Voyez la Planche ſuivante, Fig. *h*.
(***) Plut. Vie de Marius.

FIN du cinquieme Cahier & des uſages religieux des Grecs & des Romains.

.C.
.A.
.D.
.B.
.E.
F.
G.
H.
.L.
.I.
.K.
B.R.

5e Cer
Pl. II.
A.
B.
C.
D.
E.
F.
G.
B.R

5.e C.er
Pl. III.
.A.
.B.
.C.
.D.
.E.
.F.
.G.
.H.
.I.
.L.

5.e C.er
Pl. IV.
.A.
.B.
.C.
.D.
.H.
.G.
.I.
.K.
.L.
.F.
.E.

5.e C.er
Pl. V.
.A.
.E.
.F.
C.
D.
B.
B.R.

.B.
.A.
.E.
.C.
F.
.D.
.G.

.A.
.B.
.C.
.D.
.E.
.F.
.G.
.H.
.I.

5.e Cer.
.C.
.A.
Pl. VIII.
.B.
.G.
.E.
.F.
.H.
.D.

5.e C.er
.A.
.B.
Pl. IX.
.C.
.D.
.G.
.E.
ω ξειν ο άγγελλειν Λακεδαιμονίοις οτι τηδε
κειμεθα τοις κεινων ρημασι πειθομενοι
.F.

5.e C.er
Pl. X.
.A.
.B.
.C.
.C.
D·M·AUG·
.D.
.E.

5.e C.er
Pl. XI.
A.
B.
F.
G.
H.
C.
D.
I.
E.
K.
B.R

5e Cer
Pl. XII
.B.
P. E.
.A.
SAL. XM
.F.
VIATOR
AD
AERARIVM
.G.
.G.
.G.
.G.
.H.
.D.
.C.
AMITITIÆ

www.ingramcontent.com/pod-product-compliance
Ingram Content Group UK Ltd.
Pitfield, Milton Keynes, MK11 3LW, UK
UKHW020328230726
13925UKWH00002B/688

9 782013 678247